os
trabalhos
e as
noites

ALEJANDRA PIZARNIK

os trabalhos e as noites

Tradução **Davis Diniz**

/re.li.cá.rio/

APRESENTAÇÃO

A cerimônia: *Os trabalhos e as noites*, de Alejandra Pizarnik

por **Ana Martins Marques**

Promovendo uma inversão no título clássico de Hesíodo, *Os trabalhos e os dias*, poema épico composto entre o final do século VIII e o começo do século VII a.c., Proust publicou, em 1896, *Os prazeres e os dias*, uma reunião de contos e poemas de juventude. Outra é a inversão operada no belo título deste livro de Alejandra Pizarnik, *Os trabalhos e as noites*.

É possível que não haja melhor título para um livro de poemas de Pizarnik, ou, talvez, para qualquer livro de poemas. Como indica o verso de Emily Dickinson, "Good morning, Midnight!", o poeta é trabalhador da noite; seu labor é noturno, prefere o silêncio e a sombra.

Noite, silêncio, sombra são palavras-chave no vocabulário da poesia de Pizarnik. Trata-se, aliás, de um vocabulário bastante restrito; os poemas de

Pizarnik giram em torno de um catálogo limitado de palavras e imagens: pássaro, cinza, pedra, noite, alba, infância, vento, chuva, sombra, silêncio, lilás... A partir de uma série reduzidíssima de elementos, Pizarnik compõe, como num jogo combinatório, seus poemas quase sempre muito breves, extremamente depurados, de uma terrível limpidez.

***

Alejandra Pizarnik nasceu Flora Pizarnik em 1936, em Avellaneda, cidade localizada na área metropolitana de Buenos Aires. Era filha de imigrantes russos judeus que haviam chegado à Argentina três anos antes. Seu primeiro livro de poemas, *La tierra más ajena* (que assinou como Flora Alejandra Pizarnik), foi publicado em 1955. A ele se seguiram *La última inocencia*, de 1956, e *Las aventuras perdidas*, de 1958. Em 1960, mudou-se para Paris, onde viveria durante quatro anos e onde manteve contato com escritores como Julio Cortázar e Octavio Paz, que escreveu uma introdução para seu livro seguinte, *Árbol de Diana* (igualmente lançado pela Relicário Edições em tradução de Davis Diniz).

Os trabalhos e as noites foi publicado em 1965, logo após o retorno de Pizarnik à Argentina. O livro é dividido em três partes, indicadas por números. Ao contrário de *Árvore de Diana*, em que os poemas são apenas numerados, neste livro todos os poemas têm título.

Encontram-se aqui vários dos elementos que marcam a poética de Pizarnik: a extrema brevidade; poemas construídos em torno de um número reduzido de palavras, quase sempre "nobres", sem concessões ao coloquialismo ou ao *pop*; a ausência quase total de lugares identificáveis, referências históricas ou geográficas, cenas cotidianas; a atmosfera noturna (e soturna); uma radical negatividade.

É "NO", afinal, a palavra única, com sua única sílaba, que a "dama pequeníssima/moradora no coração de um pássaro", no poema "Relógio", sai à alba para pronunciar[1]. NO de "Não"; NO de "Noche". O fascínio da negatividade marca a poesia de Pizarnik, em que a morte, o silêncio, o esquecimento, a sombra estão insistentemente presentes, em que a própria ausência está presente, e deixa, tatuada, sua marca no espaço: o ar é "tatuado por um ausente", o lugar é "de ausências", o silêncio fala, fala como a noite, fala do que não é.

É uma poética que não recusa o sujeito, ao contrário, mas, ao mesmo tempo, mostra-o sempre cindido, deslocado, nunca coincidente consigo mesmo: "entre mim e a que me creio" (lê-se no poema "Invocações" deste livro); "Dei o salto de mim à alba" (lê-se no primeiro poema de *Árvore de Diana*). Ou ainda partindo de si mesmo, como neste poema do livro *Árvore de Diana* que poderia ser tomado quase como uma definição da poesia e de sua relação com

---

[1] RELOJ: "Dama pequeñísima/ moradora en el corazón de un pájaro/ sale al alba a pronunciar/ una sílaba/ NO".

o sujeito que escreve: "explicar com palavras deste mundo/que partiu de mim um barco levando-me".

Essa espécie de despossessão do sujeito de si mesmo se traduz frequentemente numa duplicação (de que são emblema os numerosos espelhos que se encontram na poesia de Pizarnik) ou numa descoincidência entre o "eu" e seu corpo, ou o "eu" e seu nome: "Eu deixei meu corpo junto à luz" (poema 1 de *Árvore de Diana*).

Além do "eu", encontramos na poesia de Pizarnik uma série de *personas*, figuras nas quais frequentemente se identificaram figurações da própria poeta: a viajante, a menina muda, a adormecida, a princesa na torre mais alta, a pequena morta, a pequena esquecida, a silenciosa no deserto, além de toda uma série de bonecas, manequins e náufragas... Entre essas *personas* está Alice, a célebre personagem de Lewis Carroll, que aparece neste livro explicitamente no poema "Infância", e também se insinua em outros poemas da autora, em especial em textos de sua última fase, por exemplo nas referências a jardins e à rainha louca nos "Textos de Sombra", publicados postumamente.

Aliás, se a de Pizarnik é uma poética muito própria, ela não se furta, no entanto, ao diálogo com outros textos e autores, o que se revela neste livro nas muitas dedicatórias (a Eva Durrell, Cristina Campo, Antonio Porchia, Jorge Gaitán Durán, Ivonne A. Bordelois, Théodore Fraenkel...), nas epígrafes (de Quevedo e Cervantes) e em alguns títulos (além da relação com Hesíodo no poema que dá nome ao livro, o título "Os passos perdidos" é provavelmente uma alusão a *Nadja*, de André Breton, que segundo César Aira era o livro preferido da autora, a ponto de ele sugerir que toda a poesia de Pizarnik poderia ser vista como "uma *Nadja* em primeira pessoa, escrita por sua personagem, não pelo autor"[2]).

Em seu livro dedicado à poeta argentina, Aira critica veementemente o uso, muito frequente na crítica, de epítetos como "a pequena náufraga" ou "a menina extraviada" para se referir à autora. Se Pizarnik não poupou metáforas autobiográficas em sua poesia, diz Aira, isso, no entanto, "não é desculpa para usá-las contra ela, sobretudo porque ao fazê-lo se está confundindo a poesia já feita e a poesia em vias de se fazer"[3]. As figuras são para Alejandra motor para a escrita, um modo de continuar fazendo poesia; identificá-las à poeta já morta, diz Aira, impede a visão do seu processo de escrita e é um modo de reduzi-la "a uma espécie de bibelô decorativo na estante da literatura"[4].

Em *Os trabalhos e as noites*, essas figurações autobiográficas dividem a cena da escrita com um "tu" insistente a que muitos poemas do livro se dirigem. Um "tu" que parece oscilar entre alguém a quem o poema se endereçaria (frequentemente num modo amoroso, muito acentuado neste livro), o próprio enunciador, o leitor (que pela força do dêitico vem

---

2 AIRA. *Alejandra Pizarnik*, p. 36.
3 AIRA. *Alejandra Pizarnik*, p. 10.
4 AIRA. *Alejandra Pizarnik*, p. 9.

ocupar o lugar daquele a quem o poema se destina) e o próprio poema.

"Tu" é, aliás, a primeira palavra do primeiro texto do livro, "Poema". Um "tu" que, aqui, parece referir-se ao próprio poema (o título funcionando então como uma espécie de vocativo): "Tu fazes de minha vida/ esta cerimônia demasiado pura". A demanda/ exigência de pureza parece atravessar a escrita de Pizarnik, com seus versos concisos, rigorosos, reduzidos a uma espécie de limpidez elementar: pedras preciosas. Que aqui essa exigência, associada à vida, pareça "demasiada", é indicativo do caráter sempre problemático da relação entre literatura e vida, o que, no caso de Pizarnik, adquire um viés trágico, se se leva em conta seu suicídio, em 1972, aos 36 anos.

A tentação biográfica em que frequentemente recaem as leituras de sua obra é compreensível: a morte está no centro da poesia de Pizarnik. "O desejo de morrer é rei", lê-se no segundo poema deste livro, "Revelações". Em "Infância", "alguém entra na morte/ com os olhos abertos/como Alice no país do já visto". E em "Silêncios", a morte, "sempre ao lado", é afinal identificada à própria voz que fala no poema: "A morte sempre ao lado/Escuto seu dizer/Só me ouço". Em *Os trabalhos e as noites*, no entanto, a morte divide a cena com o amor, ainda que ausente, ainda que apenas evocado ou lembrado...

Nomear o ausente parece ser a tarefa, sempre malograda, a que esta poesia se lança. Não por acaso grande parte dos poemas gira em torno da própria linguagem, e sua contraparte, o silêncio (numa dinâmica de contrastes e inversões que também abarca outros pares na poesia de Pizarnik: memória/ olvido, morte/vida, presença/ausência, liberdade/ prisão, pássaro/gaiola...). O poema como cerimônia de nomeação (e como seu fracasso). Recusando a bela formulação de Breton – "Les mots font l'amour" –, Alejandra, que tanto bebeu do surrealismo, dirá, no poema intitulado "En esta noche, en este mundo", que "las palabras/ no hacen el amor/ hacen la ausencia/ si digo agua ¿beberé?/ si digo pan ¿comeré?".

Essa dinâmica de presença/ausência, palavra/ silêncio encontra na poesia da autora, e em especial neste livro, uma imagem poderosa no repetido elemento "muro"[5]. O muro é superfície da escrita (e do desenho, ainda que feito pelo tempo, como "a cor do tempo em um muro abandonado" no poema que encerra este livro, como as fissuras que em "Quarto só" formam, em uma velha parede, "rostos, esfinges/ mãos, clepsidras"...), mas também parece ser o obstáculo contra o qual a linguagem se bate ("é muro é mero muro é mudo mira morre", lê-se no poema que toma seu título do poema anterior, "A verdade desta velha parede"). No poema "Madrugada" (para além da noite, há neste livro muitas alusões a essas horas de transição ou passagem entre o dia e a noite: a alba, o crepúsculo, a madrugada...), é o próprio apagamento do eu que se identifica ao apagamento da escrita, ao apagamento do poema escrito num muro:

---

5 Sobre o muro na poesia de Pizarnik, cf. GUERRERO. *Niveles de reduplicación del sujeto en la poesía de Alejandra Pizarnik*. Disponível em: [https://cvc.cervantes.es/literatura/tradicion_rupturas/guerrero3.htm].

[...]
O vento e a chuva me apagaram
como a um fogo, como a um poema
escrito em um muro

Numa entrevista, o poeta norte-americano Ben Lerner afirma que o fracasso do poema em alcançar a margem direita da página é para ele uma forma quase definidora do modo como a poesia faz com que a ausência seja sentida como presença[6]. Essa capacidade de presentificar a ausência pelo vazio da página se faz sentir radicalmente nos brevíssimos poemas de Pizarnik: a abertura de espaços em branco, a "aeração da página" (como diz Barthes do haicai[7]), o espaçamento em torno desses poemas sempre reduzidos parece funcionar como materialização, presente, de algo ausente (desaparecido ou inexistente), que os próprios poemas se esforçam por nomear.

O que se oferece, aqui, a nós, leitores, nestas primeiras edições brasileiras da poesia de Pizarnik, é, como no poema "Em teu aniversário", uma espécie de presente negativo, presente de ausências. Agora nossa solidão não está só.

---

6 "More generally, the failure of the poem to reach the objective right margin of the page is for me one of the almost definitional ways poetry makes absence felt as a presence". LERNER. *You're a poet; don't you hate most poems?* The Believer – Interview with Ben Lerner. Disponível em: [https://www.believermag.com/exclusives/?read=interview_lerner].

7 BARTHES. *A preparação do romance I*, p. 53-58.

Referências

AIRA, César. *Alejandra Pizarnik*. Rosario: Beatriz Viterbo Editora, 2004.

BARTHES, Roland. *A preparação do romance I*: da vida à obra. Trad. Leyla Perrone-Moisés. São Paulo: Martins Fontes, 2005.

GUERRERO, Munir Hachemi. *Niveles de reduplicación del sujeto en la poesía de Alejandra Pizarnik*. Disponível em: [https://cvc.cervantes.es/literatura/tradicion_rupturas/guerrero3.htm]. Acesso em: fev. 2018.

LERNER, Ben. *You're a poet; don't you hate most poems?* The Believer – Interview with Ben Lerner. Disponível em: [https://www.believermag.com/exclusives/?read=interview_lerner]. Acesso em: fev. 2018.

PIZARNIK, Alejandra. *Poesía completa*. Edición a cargo de Ana Becciu. 7. ed. Barcelona: Editorial Lumen, 2008.

POEMA

Tú eliges el lugar de la herida
en donde hablamos nuestro silencio.
Tú haces de mi vida
esta ceremonia demasiado pura.

POEMA

Tu eleges o lugar da ferida
onde falamos nosso silêncio.
Tu fazes de minha vida
esta cerimônia demasiado pura.

REVELACIONES

En la noche a tu lado
las palabras son claves, son llaves.
El deseo de morir es rey.

Que tu cuerpo sea siempre
un amado espacio de revelaciones.

REVELAÇÕES

Na noite a teu lado
as palavras são claves, são chaves.
O desejo de morrer é rei.

Que teu corpo seja sempre
um amado espaço de revelações.

EN TU ANIVERSARIO

Recibe este rostro mío, mudo, mendigo.
Recibe este amor que te pido.
Recibe lo que hay en mí que eres tú.

EM TEU ANIVERSÁRIO

Recebe este rosto meu, mudo, mendigo.
Recebe este amor que te reivindico.
Recebe o que há em mim que és tu.

DESTRUCCIONES

> ...*en besos, no en razones*
> Quevedo

Del combate con las palabras ocúltame
y apaga el furor de mi cuerpo elemental.

DESTRUIÇÕES

> *...em beijos, não em razões*
> Quevedo

Do combate com as palavras oculta-me
e apaga o furor de meu corpo elementar.

AMANTES

una flor
          no lejos de la noche
          mi cuerpo mudo
   se abre
a la delicada urgencia del rocío

AMANTES

uma flor
        não longe da noite
        meu corpo mudo
   se abre
à delicada urgência do sereno

QUIEN ALUMBRA

Cuando me miras
mis ojos son llaves,
el muro tiene secretos,
mi temor palabras, poemas.
Sólo tú haces de mi memoria
una viajera fascinada,
un fuego incesante.

QUEM ILUMINA

Quando me olhas
meus olhos são chaves,
o muro tem segredos,
meu temor palavras, poemas.
Só tu fazes de minha memória
uma viajante fascinada,
um fogo incessante.

RECONOCIMIENTO

Tú haces el silencio de las lilas que aletean
en mi tragedia del viento del corazón.
Tú hiciste de mi vida un cuento para niños
en donde naufragios y muertes
son pretextos de ceremonias adorables.

RECONHECIMENTO

Tu fazes o silêncio dos lilás que agitam
em minha tragédia do vento do coração.
Tu fizeste de minha vida um conto infantil
onde naufrágios e mortes
são pretextos de cerimônias adoráveis.

PRESENCIA

tu voz
en este no poder salirse las cosas
de mi mirada
ellas me desposeen
hacen de mí un barco sobre un río de piedras
si no es tu voz
lluvia sola en mi silencio de fiebres
tú me desatas los ojos
y por favor
que me hables
siempre

PRESENÇA

tua voz
neste não poder arrancar as coisas
de meu olhar
elas me despossuem
fazem de mim um barco sobre um rio de pedras
se não é tua voz
chuva abandonada em meu silêncio de febres
tu me desatas os olhos
e por favor
que me fales
sempre

ENCUENTRO

Alguien entra en el silencio y me abandona.
Ahora la soledad no está sola.
Tú hablas como la noche.
Te anuncias como la sed.

ENCONTRO

Alguém entra no silêncio e me abandona.
Agora a solidão não está a sós.
Tu falas como a noite.
Te anuncias como a sede.

DURACIÓN

De aquí partió en la negra noche
y su cuerpo hubo de morar en este cuarto
en donde sollozos, pasos peligrosos
de quien no viene, pero hay su presencia
amarrada a este lecho en donde sollozos
porque un rostro llama,
engarzado en lo oscuro,
piedra preciosa.

DURAÇÃO

Daqui partiu na negra noite
e seu corpo houve de morar neste quarto
onde soluços, passos perigosos
de quem não vem, porém há sua presença
amarrada a este leito onde soluços
porque um rosto chama,
embaraçado no escuro,
pedra preciosa.

TU VOZ

Emboscado en mi escritura
cantas en mi poema.
Rehén de tu dulce voz
Petrificada en mi memoria.
Pájaro asido a su fuga.
Aire tatuado por un ausente.
Reloj que late conmigo
para que nunca despierte.

TUA VOZ

Emboscado na minha escritura
cantas em meu poema.
Refém de tua doce voz
Petrificada em minha memória.
Pássaro preso à sua fuga.
Ar tatuado por um ausente.
Relógio que pulsa comigo
para que nunca desperte.

EL OLVIDO

en la otra orilla de la noche
el amor es posible

– llévame –

llévame entre las dulces sustancias
que mueren cada día en tu memoria

O ESQUECIMENTO

na outra borda da noite
o amor é possível

– leva-me –

leva-me entre as doces substâncias
que morrem a cada dia em tua memória

LOS PASOS PERDIDOS

Antes fue una luz
en mi lenguaje nacido
a pocos pasos del amor.

Noche abierta. Noche presencia.

OS PASSOS PERDIDOS

Antes foi uma luz
em minha linguagem nascida
a poucos passos do amor.

Noite aberta. Noite presença.

DONDE CIRCUNDA LO ÁVIDO

Cuando sí venga mis ojos brillarán
de la luz de quien yo lloro
mas ahora alienta un rumor de fuga
en el corazón de toda cosa.

ONDE CIRCUNDA O ÁVIDO

Quando sim venha meus olhos brilharão
da luz de quem eu choro
mas agora desperta um rumor de fuga
no coração de toda coisa.

NOMBRARTE

No el poema de tu ausencia,
sólo un dibujo, una grieta en un muro,
algo en el viento, un sabor amargo.

NOMEAR-TE

Não o poema de tua ausência,
só um risco, uma greta em um muro,
algo no vento, um sabor amargo.

DESPEDIDA

Mata su luz un fuego abandonado.
Sube su canto un pájaro enamorado.
Tantas criaturas ávidas en su silencio
y esta pequeña lluvia que me acompaña.

DESPEDIDA

Mata sua luz um fogo abandonado.
Sobe seu canto um pássaro enamorado.
Tantas criaturas ávidas em seu silêncio
e esta pequena chuva que me acompanha.

LOS TRABAJOS Y LAS NOCHES

para reconocer en la sed mi emblema
para significar el único sueño
para no sustentarme nunca de nuevo en el amor

he sido toda ofrenda
un puro errar
de loba en el bosque
en la noche de los cuerpos

para decir la palabra inocente

OS TRABALHOS E AS NOITES

para reconhecer na sede meu emblema
para significar o único sonho
para não sustentar-me nunca de novo no amor

eu fui toda oferenda
um puro errar
de loba no bosque
na noite dos corpos

para dizer a palavra inocente

SENTIDO DE SU AUSENCIA

si yo me atrevo
a mirar y a decir
es por su sombra
unida tan suave
a mi nombre
allá lejos
en la lluvia
en mi memoria
por su rostro
que ardiendo en mi poema
dispersa hermosamente
un perfume
a amado rostro desaparecido

SENTIDO DE SUA AUSÊNCIA

se eu me atrevo
a olhar e a dizer
é por sua sombra
unida tão suave
a meu nome
lá longe
na chuva
na minha memória
pelo seu rosto
que ardendo em meu poema
dispersa belamente
um perfume
a amado rosto desaparecido

2

VERDE PARAÍSO

extraña que fui
cuando vecina de lejanas luces
atesoraba palabras muy puras
para crear nuevos silencios

VERDE PARAÍSO

estranha que fui
quando vizinha de longínquas luzes
entesourava palavras muito puras
para criar novos silêncios

INFANCIA

hora en que la yerba crece
en la memoria del caballo.
El viento pronuncia discursos ingenuos
en honor de las lilas,
y alguien entra en la muerte
con los ojos abiertos
como Alicia en el país de lo ya visto.

INFÂNCIA

hora em que a erva cresce
na memória do cavalo.
O vento pronuncia discursos ingênuos
em honra dos lilás,
e alguém entra na morte
com os olhos abertos
como Alice no país do já visto.

ANTES

A Eva Durrell

bosque musical

los pájaros dibujaban en mis ojos
pequeñas jaulas

ANTES

A Eva Durrell

bosque musical

os pássaros desenhavam em meus olhos
pequenas gaiolas

3

ANILLOS DE CENIZA

A Cristina Campo

Son mis voces cantando
para que no canten ellos,
los amordazados grismente en el alba,
los vestidos de pájaro desolado en la lluvia.

Hay, en la espera,
un rumor a lila rompiéndose.
Y hay, cuando viene el día,
una partición del sol en pequeños soles negros.
Y cuando es de noche, siempre,
una tribu de palabras mutiladas
busca asilo en mi garganta,
para que no canten ellos,
los funestos, los dueños del silencio.

ANÉIS DE CINZA

A Cristina Campo

São minhas vozes cantando
para que não cantem eles,
os amordaçados acinzentadamente na alba,
os vestidos de pássaro desolado na chuva.

Há, na espera,
um rumor de lilás rompendo-se.
E há, quando vem o dia,
uma partição do sol em pequenos sóis negros.
E quando é de noite, sempre,
uma tribo de palavras mutiladas
busca asilo na minha garganta,
para que não cantem eles,
os funestos, os donos do silêncio.

MADRUGADA

Desnudo soñando una noche solar.
He yacido días animales.
El viento y la lluvia me borraron
como a un fuego, como a un poema
escrito en un muro.

MADRUGADA

Desnudo sonhando uma noite solar.
Eu jazi dias animais.
O vento e a chuva me apagaram
como a um fogo, como a um poema
escrito em um muro.

RELOJ

Dama pequeñísima
moradora en el corazón de un pájaro
sale al alba a pronunciar una sílaba
      NO

RELÓGIO

Dama pequeníssima
moradora no coração de um pássaro
sai à alba a pronunciar uma sílaba
        NÃO

EN UN LUGAR PARA HUIRSE

Espacio. Gran espera.
Nadie viene. Esta sombra.

Darle lo que todos:
significaciones sombrías,
no asombradas.

Espacio. Silencio ardiente.
¿Qué se dan entre sí las sombras?

EM UM LUGAR PARA FUGIR

Espaço. Grande espera.
Ninguém vem. Esta sombra.

Dar-lhe o que todos:
significações sombrias,
não assombradas.

Espaço. Silêncio ardente.
Que se dão entre si as sombras?

FRONTERAS INÚTILES

un lugar
no digo un espacio
hablo de
        qué
hablo de lo que no es
hablo de lo que conozco

no el tiempo
sólo todos los instantes
no el amor
no
    sí
no

un lugar de ausencia
un hilo de miserable unión

FRONTEIRAS INÚTEIS

um lugar
não digo um espaço
falo de
      que
falo do que não é
falo do que conheço

não o tempo
só todos os instantes
não o amor
não
    sim
não

um lugar de ausência
um fio de miserável união

EL CORAZÓN DE LO QUE EXISTE

no me entregues,
      tristísima medianoche,
al impuro mediodía blanco

O CORAÇÃO DO QUE EXISTE

não me entregues,
        tristíssima meia-noite,
ao impuro meio-dia branco

LAS GRANDES PALABRAS

A Antonio Porchia

aún no es ahora
ahora es nunca

aún no es ahora
ahora y siempre
es nunca

AS GRANDES PALAVRAS

A Antonio Porchia

ainda não é agora
agora é nunca

ainda não é agora
agora e sempre
é nunca

SILENCIOS

La muerte siempre al lado.
Escucho su decir.
Sólo me oigo.

SILÊNCIOS

A morte sempre ao lado.
Escuto seu dizer.
Só me ouço.

PIDO EL SILENCIO

> *...canta, lastimada mía*
> Cervantes

aunque es tarde, es noche,
y tú no puedes.

Canta como si no pasara nada.

Nada pasa.

PEÇO O SILÊNCIO

> ...*canta, lastimada minha*
> Cervantes

ainda que seja tarde, é noite,
e tu não podes.

Canta como se não fosse nada.

Não é nada.

CAER

Nunca de nuevo la esperanza
en un ir y venir
de nombres, de figuras.
Alguien soñó muy mal,
alguien consumió por error
las distancias olvidadas.

CAIR

Nunca de novo a esperança
em um ir e vir
de nomes, de figuras.
Alguém sonhou muito mal,
alguém consumiu por equívoco
as distâncias esquecidas.

FIESTA

He desplegado mi orfandad
sobre la mesa, como un mapa.
Dibujé el itinerario
hacia mi lugar al viento.
Los que llegan no me encuentran.
Los que espero no existen.

Y he bebido licores furiosos
para transmutar los rostros
en un ángel, en vasos vacíos.

FESTA

Eu desdobrei minha orfandade
sobre a mesa, como um mapa.
Desenhei o itinerário
para meu lugar ao vento.
Os que chegam não me encontram.
Os que espero não existem.

E bebi licores furiosos
para transmutar os rostos
em um anjo, em copos vazios.

LOS OJOS ABIERTOS

Alguien mide sollozando
la extensión del alba.
Alguien apuñala la almohada
en busca de su imposible
lugar de reposo.

OS OLHOS ABERTOS

Alguém mede soluçando
a extensão da alba.
Alguém apunhala a almofada
em busca de seu impossível
lugar de repouso.

CUARTO SOLO

Si te atreves a sorprender
la verdad de esta vieja pared;
y sus fisuras, desgarraduras,
formando rostros, esfinges,
manos, clepsidras,
seguramente vendrá
una presencia para tu sed,
probablemente partirá
esta ausencia que te bebe.

QUARTO SÓ

Se te atreves a surpreender
a verdade desta velha parede;
e suas fissuras, ranhuras,
formando rostos, esfinges,
mãos, clepsidras,
seguramente virá
uma presença para tua sede,
provavelmente partirá
esta ausência que te bebe.

LA VERDAD DE ESTA VIEJA PARED

que es frío es verde que también se mueve
llama jadea grazna es halo es hielo
hilos vibran tiemblan
                              hilos
es verde estoy muriendo
es muro es mero muro es mudo mira muere

A VERDADE DESTA VELHA PAREDE

que é frio é verde que também se move
chama arqueja grasna é halo é álgido
fios vibram tremulam
                      fios
é verde estou morrendo
é muro é mero muro é mudo mira morre

HISTORIA ANTIGUA

En la medianoche
vienen los vigías infantiles
y vienen las sombras que ya tienen nombre
y vienen los perdonadores
de lo que cometieron mil rostros míos
en la ínfima desgarradura de cada jornada.

HISTÓRIA ANTIGA

Na meia-noite
vêm os vigias infantis
e vêm as sombras que já têm nome
e vêm os perdoadores
do que cometeram mil rostos meus
na ínfima fissura de cada jornada.

INVOCACIONES

Insiste en tu abrazo,
redobla tu furia,
crea un espacio de injurias
entre yo y el espejo,
crea un canto de leprosa
entre yo y la que me creo.

INVOCAÇÕES

Insiste em teu abraço,
redobra tua fúria,
cria um espaço de injúrias
entre mim e o espelho,
cria um canto de leprosa
entre mim e a que me creio.

DESMEMORIA

Aunque la voz (su olvido
volcándome náufragas que son yo)
oficia en un jardín petrificado

recuerdo con todas mis vidas
porqué olvido.

DESMEMÓRIA

Ainda que a voz (seu esquecimento
vertendo-me náufragas que são eu)
oficia em um jardim petrificado

recordo com todas as minhas vidas
por que esqueço.

UN ABANDONO

Un abandono en suspenso.
Nadie es visible sobre la tierra.
Sólo la música de la sangre
asegura residencia
en un lugar tan abierto.

UM ABANDONO

Um abandono em suspenso.
Ninguém é visível sobre a terra.
Só a música do sangue
assegura residência
em um lugar tão aberto.

FORMAS

no sé si pájaro o jaula
mano asesina
o joven muerta entre cirios
o amazona jadeando en la gran garganta oscura
o silenciosa
pero tal vez oral como una fuente
tal vez juglar
o princesa en la torre más alta

FORMAS

não sei se pássaro ou gaiola
mão assassina
ou jovem morta entre círios
ou amazona arquejando na grande garganta escura
ou silenciosa
porém talvez oral como uma fonte
talvez jogral
ou princesa na torre mais alta

COMUNICACIONES

El viento me había comido
parte de la cara y las manos.
Me llamaban *ángel harapiento*.
Yo esperaba.

COMUNICAÇÕES

O vento me havia comido
parte da cara e as mãos.
Me chamavam *anjo farrapento*.
Eu esperava.

MEMORIA

A Jorge Gaitán Durán

Arpa de silencio
en donde anida el miedo.
Gemido lunar de las cosas
significando ausencia.

Espacio de color cerrado.
Alguien golpea y arma
un ataúd para la hora,
otro ataúd para la luz.

MEMÓRIA

A Jorge Gaitán Durán

Harpa de silêncio
onde se aninha o medo.
Gemido lunar das coisas
significando ausência.

Espaço de cor cerrada.
Alguém golpeia e arma
um ataúde para a hora,
outro ataúde para a luz.

SOMBRA DE LOS DÍAS A VENIR

A Ivonne A. Bordelois

Mañana
me vestirán con cenizas al alba,
me llenarán la boca de flores.
Aprenderé a dormir
en la memoria de un muro,
en la respiración
de un animal que sueña.

SOMBRA DOS DIAS POR VIR

A Ivonne A. Bordelois

Amanhã
me vestirão com cinzas à alba,
me encherão a boca de flores.
Aprenderei a dormir
na memória de um muro,
na respiração
de um animal que sonha.

DEL OTRO LADO

Años y minutos hacen el amor.
Máscaras verdes bajo la lluvia.
Iglesia de vitrales obscenos.
Huella azul en la pared.

No conozco.
No reconozco.
Oscuro. Silencio.

DO OUTRO LADO

Anos e minutos fazem o amor.
Máscaras verdes sob a chuva.
Igrejas de vitrais obscenos.
Rastro azul na parede.

Não conheço.
Não reconheço.
Escuro. Silêncio.

CREPÚSCULO

La sombra cubre pétalos mirados
El viento se lleva el último gesto de una hoja
El mar ajeno y doblemente mudo
en el verano que apiada por sus luces

Un deseo de aquí
Una memoria de allá

CREPÚSCULO

A sombra cobre pétalas contempladas
O vento leva o último gesto de uma folha
O mar alheio e duplamente mudo
no verão que apieda por suas luzes

Um desejo de aqui
Uma memória de lá

MORADAS

A Théodore Fraenkel

En la mano crispada de un muerto,
en la memoria de un loco,
en la tristeza de un niño,
en la mano que busca el vaso,
en el vaso inalcanzable,
en la sed de siempre.

MORADAS

A Théodore Fraenkel

Na mão crispada de um morto,
na memória de um louco,
na tristeza de um menino,
na mão que busca o copo,
no copo inalcançável,
na sede de sempre.

MENDIGA VOZ

Y aún me atrevo a amar
el sonido de la luz en una hora muerta,
el color del tiempo en un muro abandonado.

En mi mirada lo he perdido todo.
Es tan lejos pedir. Tan cerca saber que no hay.

MENDIGA VOZ

E ainda me atrevo a amar
o som da luz em uma hora morta,
a cor do tempo em um muro abandonado.

Em meu olhar eu perdi tudo.
É tão longe pedir. Tão perto saber que não há.

POSFÁCIO DO TRADUTOR

Pizarnik traduzida

por **Davis Diniz**

*Este poema
em outra língua
seria outro poema*

*um relógio atrasado
que marca a hora certa
de algum outro lugar*

Ana Martins Marques (2015, p. 22)

Traduzir é servir a dois mestres: ao estrangeiro em sua estrangeiridade e ao leitor em seu desejo de apropriação.

Franz Rosenzweig (apud Ricoeur, 2012, p. 22)

Valha a velha máxima: *traduttori, traditori*. Tanto mais em poesia, tarefa que se inicia com o luto das perdas para terminar com o rogo aos pequenos ganhos. Há anos a produção poética de Alejandra Pizarnik demandava livros bem cuidados em nossa língua portuguesa, língua ao mesmo tempo vizinha e tão estranha ao original espanhol-pizarnikeano. Até aqui, no que respeita a livros, contávamos apenas com a edição de Joaci Furtado & a tradução de Ana Paula Gurgel para o romance *A condessa sangrenta* (Tordesilhas, 2011 [originária de 1971]). Sequer um livro de poemas (muito embora a prosa de Pizarnik esteja para uma sorte de escrita a romper com a continuidade semântica da página unilinear). Alguns gestos, sim.[1] Faltava contudo a edição de um livro de poemas da mais grave poeta argentina. A suplementar a notável ausência é que veio a Relicário Edições,

---

[1] *La última inocencia* (1956) e *Las aventuras perdidas* (1958) foram integralmente traduzidas por Josiane Maria Bosqueiro, conforme encontramos em sua dissertação de mestrado (IEL/UNICAMP, 2010) intitulada "Apresentação e tradução das obras *La última inocencia* e *Las aventuras perdidas*, de Alejandra Pizarnik". Também Vinícius Ferreira Barth traduziu integralmente os poemas do livro *La tierra más ajena* (1955), publicados em sua primeira parte em abril de 2012 na revista digital *Escamandro*. Recentemente, Nina Rizzi publicou de forma independente uma tradução de sua autoria para o livro *Árvore de Diana* (Edições Ellenismos, 2017). Ainda em 2017, Mariana Basílio traduziu uma seleta com dez poemas de Pizarnik, publicados em outubro na revista digital *Mallarmagens*. Antes de todas as traduções previamente citadas, Sérgio Alcides havia traduzido uma seleta de poemas de AP, com publicação na antologia *Puentes/Pontes – poesia argentina e brasileira contemporânea* (FCE, 2003), livro aos cuidados de Jorge Monteleone e Heloisa Buarque de Hollanda. À frente de todos os nossos gestos, a precursora Bella Jozef, célebre hispano-americanista que em 1990 publicava pela editora Iluminuras a antologia *Poesia Argentina (1940-1960)*, apresentando ao público brasileiro aquela que possivelmente veio até nós como a primeira compilação de poemas de Pizarnik em língua portuguesa.

trazendo agora a publicação do díptico poético de Alejandra Pizarnik, *Árvore de Diana* (Relicário, 2018 [originário de 1962]) e também *Os trabalhos e as noites* (Relicário, 2018 [1965]). Graças ao empenho editorial de Maíra Nassif e ao financiamento do Programa Sur (que tardou, mas finalmente acolheu nosso estimado projeto) é que se publicam as traduções integrais destes dois livros inadiáveis a circular finalmente entre nós, assim convidados a entrar com toda a sua rica estranheza em nossa língua.

A obra da poeta de Avellaneda, de raízes eslavas e dicção poética às vezes afrancesada, quero dizer, absolutamente argentina em cada um de seus conflitos linguísticos e supranacionais, é toda ela um canto contra o silêncio (e a partir dele) do qual cada palavra deve ser arrancada para compor o poema. César Aira[2] já demarcou que a produção poética de Pizarnik consiste de uma ação combinatória que acessa uma quantidade limitada de termos articulados mediante a saturação do significante: albas, meninas, noites, mortes, espelhos, vozes etc. São alguns dos signos de frequência maior nos versos pizarnikeanos, os quais, no ponto ideal de saturação da língua poética, tendem à aniquilação do sentido uniformizador, cinzelando a linguagem normativa com a lâmina de seu reverso conotativo, assim produzindo profundidades polissêmicas por meio da língua insuspeitável da poesia.

Daí – enquanto leitores e leitoras da obra pizarnikeana – temos a sensação de confrontar uma sintaxe

---

2. AIRA. *Alejandra Pizarnik*, p. 39

cuja disposição não é senão a sóbria subversão da linguagem. Reside precisamente nessa ação a dinâmica construtiva da negação sígnica característica dos livros aqui comentados. Cada leitura deverá ser individual e diferente, de si e das outras que recomeçam o texto. Mas algo será recorrente em cada uma das leituras variáveis: a certeza de que para Alejandra Pizarnik o poema é uma deliberada manipulação da linguagem, a qual deve ser aniquilada antes de servir novamente à poesia. Nesse percurso, o poema é tanto silêncio absoluto quanto grito desesperado, um ponto de saturação da língua em que o verbo se cristaliza em toda a sua instabilidade para dizer o que está sendo dito a todo tempo sem nunca terminar de se dizer. Enfim, a poesia feita mistério, prática que se explica menos pelo gosto obscurantista do que pela necessidade de revelação intermitente da léxis eleita.

Justamente a isso é que leva o procedimento da combinatória aniquilante, conforme definíamos ao parafrasear o sensível trecho do ensaio dedicado por Aira à poesia de Pizarnik quando, em fins da década de 1980, o escritor argentino preparava um curso a ditar novos rumos de leitura crítica para a obra em questão. A aniquilação se faz necessária para que o poema alcance a abstração por meio da qual lhe ocorre recomeçar a língua desterrada do campo normativo já em outro lugar semiótico no qual a palavra não é garantia de nada.

Tenciono aqui não me alongar em interpretações exaustivas da poesia de Alejandra Pizarnik. Não devo, porém, furtar-me a pontuar alguns procedimentos e soluções a que cheguei durante as tentativas de alcançar por meio da tradução a característica fundamental que apontava anteriormente na obra poética pizarnikeana.[3]

Ao mais básico em primeiro lugar: decidi manter o "tu" – e não o "você" – como opção de pronome para a segunda pessoa do singular, indicativo da pessoa com quem se fala e também funcionamento do sujeito gramatical. Assim fiz por considerar que não há solenidade na marcação pronominal (conforme é praxe pensar partindo do solipsismo sudestino brasileiro, o qual costuma ignorar as variações do "tutear" tão popular em outras latitudes de nosso idioma). É do espanhol rio-platense informal que se prefira o "vos" (equivalente ao nosso "você") ao "tu" ou ao soleníssimo "usted". De modo que então optei pela marcação que agrava no original o estranhamento, estimulado pela forma sugestivamente menos prosaica, porém não a verdadeiramente formal. Ou seja: evitar a familiaridade possível no aportuguesamento da locução pizarnikeana; provocar a idiossincrasia intencional emergente da língua de partida, assim esperando dilatação na língua de chegada.

---

[3] Agradeço vivamente à Mariana Di Salvio, revisora desta tradução, bem como à Maíra Nassif, editora destes livros, posto que ambas revisaram, comentaram, cotejaram traduções anteriores e somaram soluções ao longo do trabalho. Agradeço também à Ana Martins Marques e à Marília Garcia, por terem colaborado com o encerramento de algumas questões finais da tradução. Agradecimentos ainda à María Florencia Riveiros Abraham, responsável pela Seção Cultura do Consulado da República Argentina no Rio de Janeiro, por ter sido muito solícita às nossas demandas de submissão (que se viram repetidas vezes ameaçadas por extravio de correspondência) junto ao Programa Sur.

No terceiro poema de *Árvore de Diana* assoma em espanhol a bem construída aliteração "(...) la viajera con el vaso vacío". Uma tradução retamente literal, isto é, desinteressada do procedimento transcriativo demandado pela condição verbal do texto poético, ignoraria muito rapidamente a lapidar estrutura aliterativa e traduziria com fidelidade demais os versos citados por "a viajante com o copo vazio". A reconstrução paramórfica, frente à frase citada, aliás, frase a se repetir em outra altura do livro *Os trabalhos e as noites*, tentou cuidar de não pôr a perder a espessura sonora dos versos originais, assim resultando na minha opção de traição sob a sentença "(...) a caminhante com o copo desocupado". Tudo isso teria permitido afinar a língua portuguesa em uma sorte de diapasão aliterante capaz de alcançar o percussivo sopro pizarnikeano mediante uma frase que ressurge como um mantra nos livros aqui traduzidos, repondo a palavra dentro do óvulo da palavra para de lá retirá-la – emulando, conforme sublinho, a situação verbal dos versos de partida – em sua mais notável performatividade elocutória.[4]

Outro caso necessário ao alargamento da língua de tradução em fricção com a língua de partida comparece no poema "A verdade desta velha parede", do livro *Os trabalhos e as noites*. Canta no original

---

4 Por determinação editorial, a opção de tradução "a caminhante com o copo desocupado" não pôde ser mantida. Restou no texto impresso a tradução literal "a viajante com o copo vazio", opção que, conforme explico acima, não atende à espessura aliterativa do verso comentado. Agradeço, contudo, a permissão para manter neste posfácio minha opção e justificativa de tradução.

toda uma sequência de verdadeira carpintaria verbal na qual se enfileiram palavras iniciadas pela letra h: "(...) es halo es hielo / hilos vibran tiemblan / hilos". O viés literal poria novamente a perder a música fonográfica da poesia. De modo que a solução revelada esteve em traduzir "hielo" (gelo) por álgido (adjetivação correspondente ao mesmo campo semântico do significante original, assim não perdendo a contratura poética dos versos exemplificados – posto que em ambas as línguas a letra h tem uma irrupção sonora fantasmática, isto é, com presença tipográfica, porém de certa insubstancialidade prosódica). A contiguidade gramatical das duas línguas facilitou a manutenção dos últimos versos do poema aludido, concluído por nova aliteração enumerativa: "es verde estoy muriendo / es muro es mero muro es mudo mira muere", "é verde estou morrendo / é muro é mero muro é mudo mira morre".

São alguns dos casos que pediam ser aqui brevemente relatados, apontando por meio do raciocínio de tradução quais foram as sutilezas a que precisei estar atento ao vislumbrar certa contiguidade entre os efeitos semânticos e fônicos produzidos no original e de recriações aspiradas na tradução.

A traição da tradução não é, portanto, sinônimo de assistematicidade. Trata-se precisamente do contrário: uma tentativa ao mesmo tempo de não incorrer em bizarrices canhestras nem em métodos prévios, antes criar percursos não obsoletos e parâmetros transcriativos singulares, algo que permita captar o registro fonográfico de uma poesia que faz a língua alcançar disruptivas vibrações verbais. Foi o percurso aqui procurado: deslocar com a tradução a língua de acolhida de versos tão inadiáveis, não impondo ao original o gesso muito frágil de uma tradução meramente literal, muito menos a descuidada dinamite de uma implosão tradutória sem parâmetros.

Como as traições, também as traduções devem ser recriadas no tempo, dotadas de novos signos de sentidos a partir de sua recepção em contextos variantes. Por tudo isso, esperemos sempre mais da poesia de Alejandra Pizarnik entre nós, vizinhos provisoriamente distantes da riquíssima literatura argentina que frequentamos nestas páginas. Afinal, a tradução não é senão – Ana *dixit* – "um relógio atrasado / que marca a hora certa / de algum outro lugar".

Referências

AIRA, César. *Alejandra Pizarnik*. Rosario: Beatriz Viterbo Editora, 2004.

MARQUES, Ana Martins. "Tradução". In: ___. *O livro das semelhanças*. São Paulo: Companhia das Letras, 2015.

RICOEUR, Paul. *Sobre a tradução*. Tradução e prefácio de Patrícia Lavelle. Belo Horizonte: Editora da UFMG, 2012.

Sumário

1
Poema | Poema   18 | 19
Revelaciones | Revelações   20 | 21
En tu aniversario | Em teu aniversário   22 | 23
Destrucciones | Destruições   24 | 25
Amantes | Amantes   26 | 27
Quien alumbra | Quem ilumina   28 | 29
Reconocimiento | Reconhecimento   30 | 31
Presencia | Presença   32 | 33
Encuentro | Encontro   34 | 35
Duración | Duração   36 | 37
Tu voz | Tua voz   38 | 39
El olvido | O esquecimento   40 | 41
Los pasos perdidos | Os passos perdidos   42 | 43
Donde circunda lo ávido | Onde circunda o ávido   44 | 45
Nombrarte | Nomear-te   46 | 47
Despedida | Despedida   48 | 49
Los trabajos y las noches | Os trabalhos e as noites   50 | 51
Sentido de su ausencia | Sentido de sua ausência   52 | 53

2
Verde Paraíso | Verde Paraíso   56 | 57
Infancia | Infância   58 | 59
Antes | Antes   60 | 61

3

Anillos De Ceniza | Anéis De Cinza   64 | 65
Madrugada | Madrugada   66 | 67
Reloj | Relógio   68 | 69
En un lugar para huirse | Em um lugar para fugir   70 | 71
Fronteras Inútiles | Fronteiras Inúteis   72 | 73
El corazón de lo que existe | O coração do que existe   74 | 75
Las grandes palabras | As grandes palavras   76 | 77
Silencios | Silêncios   78 | 79
Pido el silencio | Peço o silêncio   80 | 81
Caer | Cair   82 | 83
Fiesta | Festa   84 | 85
Los ojos abiertos | Os olhos abertos   86 | 87
Cuarto solo | Quarto só   88 | 89
La verdad de esta vieja pared | A verdade desta velha parede   90 | 91
Historia antigua | História antiga   92 | 93
Invocaciones | Invocações   94 | 95
Desmemoria | Desmemória   96 | 97
Un abandono | Um abandono   98 | 99
Formas | Formas   100 | 101
Comunicaciones | Comunicações   102 | 103
Memoria | Memória   104 | 105
Sombra de los días a venir | Sombra dos dias por vir   106 | 107
Del otro lado | Do outro lado   108 | 109
Crepúsculo | Crepúsculo   110 | 111
Moradas | Moradas   112 | 113
Mendiga voz | Mendiga voz   114 | 115

© by Myriam Pizarnik
© Relicário Edições, 2018

CIP –Brasil Catalogação-na-Fonte | Sindicato Nacional dos Editores de Livro, RJ

P695t
Pizarnik, Alejandra

   Os trabalhos e as noites / Alejandra Pizarnik ; traduzido por Davis Diniz. – Belo Horizonte, MG : Relicário, 2018.

   132 p. ; 13cm x 20,7cm.

   Tradução de: *Los trabajos y las noches*
   ISBN: 978-85-66786-69-9

   1. Literatura argentina. 2. Poesia. I. Diniz, Davis. II. Título.

                                    CDD 868.9932
                                    CDU 821.134.2(82)-1

Obra editada com o incentivo do Programa "SUR" de apoio às Traduções do Ministério de Relações Exteriores e Culto da República Argentina.

Obra editada en el marco del Programa "Sur" de Apoyo a las Traducciones del Ministerio de Relaciones Exteriores, Comercio Internacional y Culto de la República Argentina.

Edição de referência dos poemas originais:
PIZARNIK, Alejandra. *Poesía completa*. Edición a cargo de Ana Becciú. Buenos Aires/Barcelona: Editorial Lumen, 2005.

COORDENAÇÃO EDITORIAL Maíra Nassif Passos
PROJETO GRÁFICO & DIAGRAMAÇÃO Ana C. Bahia
FOTO DA CAPA Alicia D'Amico
TRADUÇÃO Davis Diniz
REVISÃO DA TRADUÇÃO Mariana Di Salvio

/re li cá rio/

Rua Machado, 155, casa 1, Colégio Batista | Belo Horizonte, MG, 31110-080
contato@relicarioedicoes.com | www.relicarioedicoes.com

relicarioedicoes   relicario.edicoes

1ª edição [2018]
3ª reimpressão [2025]

Esta obra foi composta em PT Sans e PT Serif
sobre papel Pólen Bold 90 g/m² para a Relicário Edições.